Opere dello stesso autore:

- *'Asfâr wa sirâb – Viaggi e miraggi* (bilingue arabo-italiano), ed. I Fiori di Campo, 2003

- *'Inni qarartu 'Akhîran an 'arhala b'aîdan m'a-l-laqâliq – Ho deciso finalmente... andrò via con le cicogne...*, (bilingue arabo-italiano), Collezione Maestrale, 2005

- *Poésies depuis la ville de Menton - Poésias desde la ciudad de Menton*, (bilingue spagnolo-francese) ed. Edilivre, 2008 ; ed. BOD, 2016

- *Silvia o la ilusión del amor*, (spagnolo) ed. Lampi di Stampa, 2010

- *Tierra del Fuego*, (spagnolo) ed. Lampi di Stampa, 2014

- *Il caimano*, (italiano) ed. BoD, 2014

- *Muhît al-kalimât – Oceano di parole*, (bilingue arabo-italiano) ed. BoD, 2014

- *Guardando altrove*, (italiano) ed. BoD, 2016

- *Poesia della Nuova Era Vol. I*, (italiano) ed. BoD, 2016

- *Rotta per l'India* ed. BoD, (italiano) 2016

- *El marcalibros*, (spagnolo) ed. BoD, 2017

- *Rosso di Marte*, (italiano) ed. BoD, 2017

- *Lemhat al-hida'at - Il profilo del nibbio*, (bilingue arabo-italiano) ed. BoD, 2018

- *Il ritorno dello sciamano*, (italiano) ed.BoD, 2018

- *Intuizioni e memorie*, (italiano) ed.BoD, 2019

Angelo Rizzi

Il banchetto

Immagine di copertina: Miniatura, *Banchetto medievale*

© 2019, Angelo Rizzi

Éditeur : BoD-Books on Demand
12/14 rond point des Champs Élysées, 75008 Paris, France
Impression : Books on Demand, Norderstedt, Allemagne
ISBN : 9782322113286
Dépôt légal : août 2019

Biografia

Angelo Rizzi è nato a Sant'Angelo Lodigiano. Dopo aver ottenuto un diploma in Lingua e Cultura Araba all'IS.M.E.O. di Milano, Si è laureato in Lingua, Cultura e Letteratura Araba all'Università Michel de Montaigne di Bordeaux in Francia e ha otteuto ua secoda laurea i Lingua, Cultura e Letteratura Italiana all''Uiversità Sophia Antipolis di nizza, sempre in Francia. Italiano madrelingua, ha composto i suoi poemi in arabo, spagnolo, francese e italiano. Grazie a questa sua particolarità, è stato invitato ed ha partecipato ad un congresso all'UNESCO nel 2006, a Parigi, sul tema *"Dialogo tra le Nazioni"*.

Ha ottenuto diversi riconoscimenti letterari ed ha partecipato a numerosi incontri poetici di rinomanza internazionale a Roma, L'Avana, Parigi, Curtea de Argeş, Djerba.

Riconoscimenti letterari.

Tra i più importanti: **Vincitore Assoluto** del **XX° Premio Mondiale Nosside**, 2004. Menzione d'Onore per la raccolta *'Asfâr wa Sirâb - Viaggi e Miraggi*, al premio Sogno di un Caffé di Mezza Estate, 2004 e Medaglia d'Argento per la stessa opera al Premio Internazionale Maestrale, 2004. Menzione di Merito al Premio Internazionale Poseidonia Paestum, 2005. **I° Premio** al Premio Internazionale Tra le Parole e l'Infinito, 2008, dopo avere vinto per tre volte il **II° premio** nello stesso concorso nel 2005, 2006, 2007. **III° Premio** al Premio Internazionale Bodini 2009.
Menzione Internazionale al Premio Alpas XXI, Brasile, 2009. **I° Premio** al Premio Internazionale Città di Sassari per la poesia inedita, Italia 2010. Premio della Critica al Premio Internazionale Tra le Parole e l'Infinito, 2010. **II° Premio** per

la raccolta *Silvia o la ilusión del amor*, della Giuria Scuole al Premio Internazionale Città di Sassari, 2011. Menzione speciale della Giuria per la Critica per la raccolta *Poésies depuis la ville de Menton-Poesías desde la ciudad de Menton* al Premio Internazionale Città di Sassari, 2012 e Premio Speciale per la Critica della Giuria delle Scuole per la stessa opera. Menzione di Merito al Concorso Internazionale "Vitruvio", 2012. Ha ottenuto il **Premio per la Migliore Opera in lingua straniera** per la raccolta *Poésies depuis la ville de Menton-Poesías desde la ciudad de Menton*, al Premio Internazionale Locanda del Doge, 2013. **II° Premio** al Premio Internazionale Carmelina Ghiotto Zini, 2013. Menzione Speciale al Premio Letterario Città di Livorno, 2014. **I° Premio** al Concorso Internazionale di Poesia Città di Voghera, 2014. **III° Classificato** per la silloge inedita *Il caimano* al Premio Internazionale Città di Sassari 2014 e Menzione Speciale per la stessa opera edita e ampliata al Premio Internazionale Casentino, 2015. **II° Premio** al Premio Letterario "Il litorale", per l'opera *Muhît al-kalimât – Oceano di parole*, 2016. Menzione d'Onore sempre per la raccolta *Muhît al-kalimât – Oceano di parole*, al Premio Casentino, 2016. Premio per la Critica, per la narrativa (racconto breve), al Premio Internazionale Tra le Parole e l'Infinito, 2016 e 2018. Premio per la Critica per la raccolta *Rosso di marte*, al Premio Europeo Massa città fiabesca d'arte e di marmo 2017. **I° Premio** al Premio Internazionale Città di Voghera, 2019
È stato Finalista in vari premi internazionali in Italia, Spagna, Svizzera, Argentina, Venezuela e Stati Uniti.
Sue poesie sono apparse in antologie e riviste in Italia, Stati Uniti, Svizzera, Cuba, Argentina, Kuwait, Spagna, Brasile, Romania, Hong Kong, India e Bolivia.

Membro di *REMES* (Red Mundial de Escritores en Español); *World Poet Society*; *Poetas del Mundo* e *SELAE* (Sociedad de Escritores Latino-Americanos y Europeos).
Nel 2015, a Cruz Alta (R/S) in Brasile, è stato nominato Accademico Corrispondente Internazionale dalla *Academia Internacional de Artes, Letras e Ciénsas* ALPAS XXI.

Partecipazioni Letterarie
- Reading Poetico all'Istituto Italo - Latinoamericano, Roma, 2004.
- Fiera del Libro, L'Avana. Ospite d'Onore alla premiazione del Premio Nosside Caribe, Cuba. 2005.
- Festival della Poesia, L'Avana, Cuba 2005.
- Reading Poetico alla Fiera del Libro, L'Avana, Cuba, 2006.
- Congresso all'UNESCO sul tema "Dialogo tra le Nazioni", Parigi, 2006.
- Reading Poetico a "Institut du Monde Arabe", Parigi, 2006.
- Salone del Libro di Montecarlo, Monaco, 2014.
- Fête du Livre di Breil sur Roya, Francia, 2014.
- Festival du Livre di Mouans-Sartoux, Francia, 2014.
- Salone del Libro di Montecarlo, Monaco, 2015.
- Salone del Libro di Montecarlo, Monaco, 2016.
- Festival Internazionale della Poesia, Curtea de Argeş, Romania, 2016.
- Reading Poetico Internazionale in chiusura al *I° Symposium Science et Conscience*, Djerba, Tunisia, 2017
- Reading Poetico Internazionale in chiusura al *II° Symposium Science et Conscience*, Djerba, Tunisia, 2018
- Salone del Libro di Montecarlo, Monaco, 2018

Prefazione

Il banchetto è il quarto volume della saga sul tema della "reincarnazione" dopo *Rotta per l'India, Il ritorno dello sciamano* e *Intuizioni e memorie*. In questa raccolta, si aprono porte, finestre, si richiudono. Ricordi lontani, ora più vicini, di nuovo lontani. Si riaprono finestre, riappaiono ricordi dal pozzo della memoria, alcuni nitidi, altri sfocati, brumosi, a frammenti. Originale opera in prosa poetica felicemente inventata da Angelo Rizzi, che ci porta in viaggio attraverso i secoli con la sua "macchina del tempo" e ci racconta le sue vite anteriori in prosa poetica. Un autore innovativo, originale con al suo attivo sedici libri pubblicati e circa cinquanta premi e riconoscimenti letterari.

Angelo Rizzi, dotato di due lauree, è un autore poliedrico, sia nelle lingue, poiché ha già composto poemi in arabo, spagnolo, francese, italiano, sia nelle tematiche proposte che nel percorso biografico con partecipazioni poetiche e letterarie internazionali in Italia, Francia, Cuba, Romania, Tunisia, senza scordare il Brasile, dove nel 2015 la "Academia de Létras ALPAS 21" lo ha nominato Accademico Corrispondente Internazionale. A tutto questo va aggiunto che i suoi scritti sono apparsi su articoli, riviste, antologie collettive in Italia, Spagna, Svizzera, Romania, Argentina, Brasile, Kuwait, Hong Kong, Stati Uniti, India e Bolivia.

*"Le anime si incarnano per crescere,
non per compiacersi del livello raggiunto."*

Massimo Gramellini

Il banchetto

Sette anni

Imprigionato dal principe
a Capua, per sette anni
all'inizio
del secondo millennio
mentre le ultime
dinastie longobarde
si disputavano il potere.
Ero alto funzionario
screditato da avversari
che volevano il mio posto
che però persero il loro
quando il principe cambiò
riabilitandomi.
Situazione confusa
di alleanze e tradimenti

manipolazioni, cupidigia
avidità.
I motivi, le ragioni
mi restano oscuri
ritrovai il mio incarico
per altri tre anni
ormai ad un'età avanzata
prostrato da quell'esperienza.
Mi resta l'impressione
la senzazione
di aver terminato la mia vita
libero, in maniera dolce
benché a volte
un poco in collera.
La collera

come il risentimento
è un atteggiamento
che sicuramente ho dovuto
lavorare, mitigare
nelle vite successive.
Uno degli scopi
delle incarnazioni
è con ragione, di darci
la possibilità di correggere
alcuni nostri aspetti
per poter evolvere
ed elevare la nostra coscienza
la nostra anima
e non tanto di pagare o di fruire
per quello che abbiamo fatto
nelle vite anteriori.

Il tricorno

Appena saputo
che vacava un maestro
a Chandernagor *
mi proposi subito.
Aspiravo
a visitare il mondo
l'occasione fu immediata.
Presi qualche libro
e con il mio tricorno in testa
mi imbarcai
con altri avventurosi.
Un viaggio lungo
ricco di immagini
e di imprevisti
come le tempeste

* Pr.: *Ciandernagor*

i naufraghi non erano rari.

Arrivato in questo

inaspettato

ma affascinante

esotico mondo

non ci misi molto

ad ambientarmi.

Amavo il mio lavoro.

trasmettere

le mie conoscenze

comunicare, insegnare

guarire gli altri

servire l'umanità

in un modo che si adattasse

alla mia personalità

le mie abilità
gli interessi naturali
aveva per me
un'importanza primordiale.
Il nostro territorio
che nostro poi non era
pur lontano che fosse
era il riflesso
della politica europea.
A turno ci occupavano
inglesi od olandesi
per poi renderci
alla Francia
sicuramente in cambio
di qualcosa.

Questi continui cambiamenti

iniziavano ad annoiarmi

a perturbarmi

troppe intrusioni

oggi comandava l'uno

domani comandava l'altro.

Lasciai il mio posto

anche se a malincuore

me ne andai in viaggio

e lì, mi sfuggono

i ricordi.

Mi resta un'intuizione

recondita

che quella vita

sia stata breve

piuttosto tranquilla.

Ho reso l'anima laggiù

provvisoriamente

è un modo di dire

perché l'anima è immortale.

Dove? Non so!

Il pozzo della memoria

è troppo profondo

le incarnazioni

si accumulano

l'una sull'altra.

Mi hanno detto spesso

che sono

una vecchia anima.

Nel regno di Ermia

L'avevo già accennato
ora, ho altre rivelazioni
con Corisco, un altro discepolo
dell'*Accademia*
con il quale avevo
una perfetta intesa
maturata in una
lunga e fraterna amicizia
tentammo nella nostra
città d'origine
di trasmettere le teorie
di Platone.
Come i poeti
cercavamo un luogo
che ci accogliesse

per emanciparci
dal nostro maestro
e dal maestro
del nostro maestro
pur restando fedeli
ai loro insegnamenti.
Ermia, signore di varie città
lo venne a sapere
ci invitò con insistenza
alla sua corte
dove restammo fino alla morte.
Ciascuno aveva famiglia
non so più, chi di noi due
lasciò per primo la vita
l'amico fraterno

ma so che in un caso

o nell'altro

non lo vivemmo

come un dramma

una tragedia

una perdita

una sofferenza.

Era la cultura dell'epoca

la tradizione

l'educazione

la mentalità

e noi, non per niente

eravamo

ironici, sorridenti filosofi.

Viaggio di ritorno

Dopo mille peripezie
molte ambiguità
ritenendo che avevamo
trovato, ottenuto
ciò che eravamo
venuti a cercare
tanto di spezie
come di pietre preziose
considerando l'impossibilità
di relazioni amichevoli
con gli abitanti del luogo
e i commercianti mori
in concorrenza evidente
Vasco da Gama si consultò
con gli altri capitani

decise di rientrare
portando con noi
sei ostaggi, altri sei
li avevamo rilasciati.
Mettemmo in vela
tesando le scotte
e partimmo, felici
di aver scoperto
la vera Rotta per l'India
vivevamo una sorta
di esaltazione
avvertivamo
che la Terra era immensa
piena di promesse.
Seguimmo la costa

verso nord, meravigliati
dai paesaggi tropicali
che si succedevano
l'uno all'altro
altalenati da brezze marine
alternate a brezze terrestri.
Ogni volta che si ormeggiava
notavamo di essere seguiti
da navi piuttosto grandi
sicuramente pirati
avevano capito
che ci eravamo smarriti
cercammo riparo
tra isolotti sconosciuti
proposi, con l'accordo

degli altri due piloti
di cambiare posizione
metterci al riparo
nell'isola di Angediva
a due tiri di bombarda.
Mi pare che l'isola
si chiamasse così
il nome suona bene
sfioro le intuizioni
interrogo i ricordi
la percepisco ancora
che si allontana
scomparendo oltre i flutti.

Un eco tardivo

Quando, molti anni fa
ventisei per l'esattezza
visitai le Tombe Saadiane
piuttosto scarne, spoglie
disadorne, fredde
in netto contrasto
con le magnifiche
ampie arcate in stile
eppure
tra questi marmi
le volte
finemente decorate
l'ombra rinfrescante
percepii
nella sala delle dodici colonne

la presenza del vuoto
un'energia che mi invitò
al silenzio.

Da una settimana ci ripenso
un pensiero, un'idea
altri pensieri, altre idee
cercano di riunirsi
in un ricordo unico
ancora fioco
un eco tardivo
la percezione
che se avverata
diventerà emozione
come se la verità
benché senza parole

mi conpenetrasse
verticalmente
per fermarsi
fare nido, nel cuore
e suggerirmi
che ho avuto a che fare
con le persone
che là, sono sepolte.
Non ero dei loro
ero straniero
ne ho la convinzione
ho partecipato a qualcosa
forse ho aiutato
o chissà
era il mio mestiere.

Indagherò, chiederò
esplorerò
e se ne avrò notizie
presto
ve le racconterò.

Reminescenze

Vi ho parlato
e non vi ho detto
di Ermia, che ci accolse
ed era tiranno
formò con noi due
un'oligarchia filosofica.
In un secondo tempo
diede importanza
ai consigli politici
di noi platonici, tanto che
temperò la sua tirannide
in una più mite
forma di governo.
Questi eran fatti noti!
I nostri rapporti erano

sempre più intimi
a tal punto che ci donò
la citta di Asso.
E vi prego!
Che non si travisi
l'aggettivo *intimo*!
Non ne vale la pena
nonostante quell'epoca
lo concepisse.
Nella sua sesta lettera
Platone, rivolto a noi tre
prospettava
una collaborazione
un patto d'amicizia
fondato

sulla necessità di integrare

la formazione teorica

dei filosofi

con la saggezza umana

del politico

si proponeva come mediatore

nel caso tra loro

fossero nati conflitti.

Valhalla

Sono cresciuto
ormai, uomo adulto
che ha dato prova
di quel che vale
più forte, più aguerrito
aitante, nerboruto.
Osservo l'andirivieni
di principi e re
che trattano, si accordano
colgo l'eccitazione nell'aria
e negli sguardi.
Si prepara una grande armata
si costruiscono imbarcazioni
con la prua a testa di drago
si addestrano i guerrieri

si comprano mercenari
ci attendono giorni gloriosi.
Non vedo l'ora!
Noi abitanti dei *vik*
dei fiordi, abbiamo
una consapevolezza nuova
qualcosa difficile da esprimere
sentiamo, avvertiamo
che è giunto il nostro momento
c'è una luce in noi
una forza, un'energia
poiché tutto è energia
persino il pensiero
è energia
energia collettiva

tutti i clan

si stanno riunendo

come un'eggregora

uno spirito di gruppo

influenzato

dal desiderio comune

di uno scopo ben definito

nell'entusiasmo

di un unico

possibile futuro.

La Scuola di Atene

Nell'*Accademia* eravamo
almeno venti persone
oltre ai colleghi del maestro
e due misteriose donne
ma in veste maschile.
Non volevano essere
riconosciute come tali
perché ad Atene
le ritenevano inadatte
alla filosofia
ma il maestro le accettava
mostrando nei suoi scritti
di non fare
distinzione di genere.
Alcuni ci vivevano

altri ci venivano
quotidianamente
ad ascoltare, partecipare
all'ombra degli alberi
mi pare fossero platani.
Ho sempre adorato i platani
li amo ancora adesso
e questo rispetto vegetale
non so da dove viene.

Il banchetto

Mi hanno invitato
si usa
il cucchiaio di legno
zuppa di ceci e castagne
per cominciare
ma non siamo in campagna
del resto, la ricetta
molto elaborata
ceci, castagne arrostite
erbe aromatiche
prezzemolo, sedano
carota, porro
pepe, origano
sale, pancetta
non è alla portata di tutti.

Ci servono la carne
già porzionata
vitello arrostito, farcito
agnello con ripieno d'oca
pollo, piccione
o piccolo volatile
la prendiamo con le prime
tre dita della mano
manca la forchetta
ed ognuno usa
il coltello personale.
Le posate quasi, non esistono
per lavarci le mani unte
i paggi portano
bacinelle d'acqua

profumate
di camomilla o rosmarino
ma pulirsele direttamente
nella tovaglia
è ammesso, e nessuno
trova nulla da ridire.
Nel loro palazzo
i benevoli
signori di Foligno
generosi mecenati
vogliono meravigliare
orpiti, invitati
è l'arte di stupire
con cibi gustosi, raffinati
presentandoli

in maniera stravagante.
Qual'è il mio ruolo
in questa fine Medioevo?
Perché li conosco
li frequento?
Mi invitano spesso
ci vengo accompagnato
la donna bionda
al mio fianco
mi sorride, mi indica
l'arrivo di formaggi freschi
dolci a base di frutta secca
accompagnati da vini peptici
speziati o liquorosi.
Giungono musicanti, giullari

per allietare

una lunga digestione

la donna bionda, mi fa cenno

è stanca

le dico di pazientare.

Il calligrafo

Il calligrafo deve sapere
come tagliare, manipolare
prendere e posare
il calamo
come esprimere
con il suo becco
tutto quello che è
nel suo spirito.
Deve anche sapere
quali lettere
devono essere scritte
in una forma allungata
quali in forma tonda
quali devono essere
legate alle altre

la costrizione dei codici
l'improvvisazione del gesto.
Mi abituai presto
a Saragozza
ma restava la nostalgia
per la mia città
dopo la cacciata
del principe poeta
nostro protettore.
Il calligrafo era considerato
un vero artista, un artigiano
non un semplice copista
il calligrafare, portava
allo sviluppo di un'estetica
arte visiva, che si sposava

all'architettura
oltre che, beninteso
ai manoscritti.
Il mio nuovo benefattore
il nobile emiro
mi lasciava libero
di esprimermi
grazie a lui
ho potuto vivere
agiatamente
del resto aveva
molta considerazione
per chi veniva
dalla corte di Siviglia.
Mi comandò

oltre a copie di libri

e rilegature

di disegnare calligrafie

murali, che erano poi

realizzate sulle pareti

con l'ausilio di un altro

eminente artigiano.

Scorbuto

La traversata dell'oceano
fu impresa penosa
disastrosa
temporali avvicendati
a snervante calma piatta
lo scorbuto che decimava.
Ci vollero tre mesi
meno tre giorni
per arrivare all'altra costa
davanti a una città
con un nome impronunciabile
dove le case avevano
diversi piani
avevamo perso
più di metà dell'equipaggio.

Ci eravamo smarriti di nuovo
di nuovo seguimmo la costa
fino a a quel luogo
dove il sultano amico
ci diede polli e molti arance
per combattere la malattia
ma per molti era troppo tardi
ci furono altri morti.
Disperati, il cielo ci inviò
buon vento in poppa
gettammo l'ancora
davanti a un'isola
un paradiso
che lì chiamano Zangiabâr *
bruciammo una nave

* Zanzibar

impossibile navigare
con tre imbarcazioni
e così pochi uomini.
Giunti nei pressi
del Capo di Buona Speranza
si moriva dal freddo
Paulo da Gama si ammalò
io stesso e molti altri
non eravamo
in buone condizioni.

Convivio

Il signore e gli ospiti
di maggiore importanza
occupano una tavola rialzata
con una predella
ma mi è capitato in altri conviti
di vedere
una vera e propria cattedra
riccamente addobbata
apparecchiata.
Lasciata l'Umbria
sono sceso più a sud
mi ritrovo a Roma
invitato ad un altro banchetto
da un cavaliere con molti denari
nobilitato, dal papa ovviamente.

Festeggia il suo titolo nuovo
ora possiede
l'appellativo di conte
e vuole, che la voce si sparga.
Qualcuno mi ha fatto
arrivare sino a lui
perché costui, potrebbe
farmi conoscere qualcun'altro
è il mio ruolo, il messaggero
l'ambasciatore, mi inviano
i duchi di Milano.
Le tavole sono poste a rettangolo
per meglio definire, direi a forma di U
se consideriamo quella di *sua signoria*
separata dalle altre per nobile distacco.

Gli ospiti seduti nella parte esterna
uomini e donne in maniera alternata
secondo i codici medievali
lasciando vuoto lo spazio all'interno
perché sia libero il passo
a servitori, musici, giocolieri, buffoni.
Inizia il banchetto e il preciso rituale
è sorvegliato dal *dispensiere*
lo si riconosce, oltre che all'abito
dal coltello appeso alla cintura.
Accanto al tavolo d'onore
la *credenza di parata*, mette in mostra
vasellame d'argento e qualche oro
regge i piatti con le vivande
destinate ad essere assaggiate

dal *credenziere,* per assicurarsi
che non siano avvelenate.
In questa società divisa in tre gruppi
nobili, religiosi e coloro che lavorano
ogni gruppo è sottomesso
a precise norme alimentari
secondo il rango sociale
al quale appartiene.
Questa convinzione stipula
che cibi e bevande
così come il modo di consumarli
devono sfoggiare agli occhi di tutti
la posizione pubblica
al quale ciascuno appartiene.
Colui che mangia, non può derogare

dalle costrizioni che lo incitano
a seguire un modello alimentare
sotto pena di essere accusato
di commettere un *peccato di gola*
di incorrere in una sanzione.
Accanto a me, sulla sinistra
siede una donna molto bella
chiedendo permesso, mi rivolgo
all'uomo seduto al suo fianco
l'ambasciatore papale
mi dice che con lui
dovrò parlamentare
essendo impossibile di accedere
più in alto.
Vorrei dirgli che l'impossibile

non esiste, questo è il mio lato
impertinente
ma avendo avuto un altro pensiero
più rapido della mia voce
ho tempo di avvedermi
annuisco, mi adeguo
si fa presto ai giorni nostri
ritrovarsi una daga nella schiena
gettato ai cani.
La donna bionda
che mi accompagna
nota il mio viso divenuto serio
legge il mio sguardo pensieroso.
Ha capito tutto!
Con delicatezza

mi sfiora appena la mano

mi sporgo verso lei

le sussurro all'orecchio:

Non credere che chi ci invia

sia molto meglio!

Senza parlare, si rabbuia

mi riprende con un cipiglio

mi metto a pensare

alla mia insolenza

alla mia voglia di provocare

che un giorno potrebbe tradire

farmi vacillare.

Taifa di Maiorca

Il prodigo emiro
mi inviò in missione
nella *taifa** di Maiorca
per calligrafie murali
e su carta di papiro
raccomandandomi a quel re
come scambio di favori
segno di alleanza.
Partimmo in cinque
io, l'altro esperto
e tre dei nostri allievi
su una nave
oltre a due imbarcazioni
che ci scortavano
per evitare corsari pisani.

*Taifa = regno

Fu gradevole
trovarsi sopra un'isola
una luce diversa
il mare tutt'attorno
campi rigogliosi e verdi
l'amabile attitudine
del popolo semplice e cortese.
Con sorpresa
incontrai Ibn al-Labbana
che aveva viaggiato
per ogni contrada di *al-Andalus*
come poeta aulico
offrendo i suoi servizi
a diversi principi ed emiri.
Compose panegirici

in onore di molti sovrani
ma la sua più celebre
composizione
fu quella che espresse il dolore
per la partenza da Siviglia
del principe al-Muatamid
pregiato poeta
nonché mio antico mecenate.
Si è molto elogiata
la sua fedeltà
verso il monarca prigioniero
che portavano via incatenato.
Un giorno ci recitò
questi versi importanti
che descrivono la scena:

... Dimenticherò tutto *
tranne quell'aurora
vicino al Guadalquivir
quando erano nelle navi
come morti nelle loro fosse.
La gente si affollava
su entrambe le rive
osservando come galleggiavano
quelle perle sulla schiuma del fiume...
E d'improvviso si mise a piangere
turbando noi tutti per l'emozione.

* poema di Ibn al-Labbana

Cento torri

Fallita la mia
precedente missione
ho ricevuto nuovi ordini
risalgo la penisola
a dorso di cavallo
dietro me, un carro con la dama
la sua ancella, il mio paggio
che conduce la *carretta*
così la chiamiamo
ai giorni nostri.
Nella mia borsa, fiorini
milanesi, fiorentini, catalani
per appianare problemi
pagare spese, dogane, tangenti
mance che possono aiutare

ad aprire porte ed orecchie.
Abbiamo un prezioso salvacondotto
ma non ci accompagna
una scorta armata
una daga e un coltello ciascuno
oltre a un'ascia
che può servire ad altro
e stiamo ben attenti
a viaggiare in pieno giorno
per evitare una serie di imprevisti.
Viaggiare non è raffinatezza
è sopravvivenza o necessità
non è un'anticipazione visuale
ma una scoperta metro per metro
che si sostiene ad un sottile fatalismo.

Intravediamo a distanza
la città dalle cento torri
c'è chi dice siano novanta
altri molte di più
non do ascolto a nessuno
e faccio una media
e chissà perchè, sono poi
così tante
pur chiedendo, questo
nessuno me lo sa dire.
Varchiamo le mura
di questo grande borgo
finalmente avremo delle comodità.
le mura di "Bologna la colta"
sottomessa all'autorità clericale.

I Visconti hanno perso
questo capoluogo
lo vorrebbero riconquistare.
pur lasciando alla chiesa la potestà
devo conoscere il legato papale
all'entrata dell'*urbe* m'annuncio
al capitano: Devo incontrare
messer Giovanni da Legnano!

La speranza

Eroe della prima guerra
del Peloponneso
avevo previsto la seconda
l'ostinazione spartana
oramai, mi hanno messo in disparte
gli azzardi della politica.
Vedo, passare senza parole
lampi di luce.
Vuoi vedere che preannunciano
una stagione d'oro ?
Vedo, l'incamminarmi spedito
con grande sodalizio
su una strada tortuosa
pietre dilavate
interrogazioni senza fine.

Mi sento messo ai margini.
È una prova d'attesa ?
Certi frammenti
apparentemente trascurabili
sono incolmabile vuoto
retaggio della condizione umana
che mi lascia in sospeso
nell'ascolto.
Retaggio, *karma*
come un pegno che a volte
ci lascia angosciati
senza capire bene il perché.
Espiazione ? No !
È il filo inafferrabile
che lega il ciclo delle incarnazioni.

Fumacchi…
illusioni e disinganni.
Infine mi accoglie la notte
nella sua lunga pausa
si interrompe
la danza dei pensieri.

Come un eroe

Doppiato
il Capo di Buona Speranza
proseguimmo
con gran desiderio
di arrivare a termine
e buon vento in poppa
andatura portante
ci trovammo dopo un mese
presso i fondali del Rio Grande
ma il vento cessò di colpo
per divenire debole e contrario.
Grazie a temporali
provenienti dall'entroterra
navigammo vicino alla costa
in acque conosciute

le nostre mappe indicavano
Capo Verde
a circa cento leghe.
Rotta verso l'arcipelago!
dove gettammo l'ancora.
Abbracciandolo
mi accomiatai
dal mio comandante
Paulo da Gama
gli dissi che gli auguravo
di rivederci presto
lui, annuì stremato
e poco convinto
si sdraiò di nuovo
su un giaciglio di fortuna.

Siamo partiti
in centosettantasei
siamo tornati
in cinquantacinque.
Con alcuni altri
tornai a Lisbona
sul primo galeone
la nave capitana
arrivò
dopo due settimane
il comandante Vasco
preferì ritardare
per tentare di salvare
la vita al fratello.
Prese a nolo un vascello

riprese il viaggio
dopo un mese e mezzo
ma tutto fu inutile
giunto alle Azzorre
gli diede sepoltura
e tornò in patria
tutti lo aspettavano
al molo
come un eroe.

La luce

Chi ero a quell'epoca
mi è ancora oscuro
ma grazie alle mie ricerche
che hanno seguito
le mie intuizioni
sono giunto a conclusione
che tra il milleduecentotrentacinque
e il milleduecentoquaranta
avevo consegnato a Robert Grosseteste
quando insegnava a Oxford
il *Trattato dell'Ottica* *
opera ormai rara di Alhazen
composta di sette volumi.
Vendevo manoscritti?
Ne facevo copie, come già avevo fatto

* *Kitâb al-Manâzir, Trattato dell' Ottica* di Ibn al-Haitham (al-Hazen)

in un'altra vita?

Questo non lo so ancora, ma presto

lo verrò a sapere, almeno in parte

 o con solo pochi indizi.

L'erudito inglese, di un ordine minore

vicino ai francescani

presentava la *Luce*

come origine di ogni cosa.

Si interessò con passione

alla formazione dell'arcobaleno

studiando l'iride, classificando i colori

seppi più tardi

che appoggiandosi sugli scritti

che gli avevo recato

studiò i raggi diretti, riflessi, deviati

lavorò sulle lenti, gli specchi.
Durante le soste, nel mio lento viaggio
ho avuto modo
di concentrarmi nella lettura
di alcuni libri del luminare iracheno
che analizzava, sperimentava
con specchi sferici e parabolici
in una *camera oscura*
della quale del resto
ne era lui l'inventore.
Mi trovavo tra due scienziati
vissuti a due secoli di distanza
e uno dei due, l'avrei presto incontrato.
Duecento anni pensavo...
affinché certe informazioni

giungessero a noi
sicuramente la distanza linguistica
e culturale, ma percepivo anche
che nel nostro mondo
alcuni poteri non sostenevano
la ricerca scientifica
infastiditi, non la impedivano
apertamente, ma la censuravano
in maniera evidente
e se necessario in modo violento.
Forse ero anch'io astronomo
filosofo, fisico, riformista
ed avevo normali scambi
con colleghi, confratelli?
No, non credo!

Se i manoscritti li ho portati
personalmente
dovevo essere un discepolo
l'allievo di un altro saggio.
Loro, personalmente
non l'avrebbero mai fatto!

Bologna « la colta »

Il legato papale
mi farà attendere tre giorni
me l'aspettavo
mi giovo dell'occasione
per visitare questa città
così rinomata
la sua università
la prima in Europa.
I *signori* del luogo fanno a gara
per accompagnarmi, invitarmi
si pregiano di avere
un ospite straniero, un milanese.
Ricevimenti, banchetti
hanno una funzione
di distinzione

con la quale i potenti
manifestano
l'ampiezza dei loro poteri
dei loro averi
offrono agli illustri convivi
cibi raffinati, vari, abbondanti
e sopratutto, spettacolari.
Ogni piatto è un'opera d'arte
destinata a sbalordire
gli uccelli sembrano vivi
drizzati sui vassoi
ricoperti dal loro piumaggio.
I Casali, del ramo bolognese
mi pregano di accettare
la loro ospitalità.

In una sala più piccola
degustiamo in piedi
frutta fresca con vini del sud
Malvasia, vino di Cipro
vino di Gaza.
Al suono del corno
gli ospiti sono invitati
a passare a tavola
al fine di lavarsi le mani
in una brocca
seppur simbolicamente
intingendo le dita
in un acquamanile.
I servitori ci presentano
una portata

gnocchi ripieni
di pezzetti di prugna
cotti in acqua bollente
condite con prugne e gorgonzola
accompagnati da riso bollito
in latte di mandorle.
Giungono acrobati, menestrelli
annunciano il primo festivo intermezzo
alimentato dal grasso vociare
le risa dei presenti.
Un altro intermezzo musicale
precede portate di mezzo
torta d'agli, torta d'erbe
di nuovo si riempiono le coppe
movimento di paggi

seppie nere, avvolte
in foglie di radicchio rosso
seguite da arrosti in *salsa camellina*.
Ritornano *troubadours*, musici e poeti
per una nuova giusta pausa
si riallacciano conversazioni
con chi è seduto il più vicino
solitamente del mio stesso rango
o leggermente superiore
se il suo lato è in direzione del *signore*
o leggermente inferiore
se seduto sul lato opposto.
Ci presentano riso mielato e pere cotte
in vino greco, dolce, speziato.
Osservo tutto e tutti

mi perdo in riflessioni
lo nota la mia dama bionda
si sporge verso me chiedendo
se sono venuto a conoscenza
di quando sarò ricevuto
le rispondo sicuro di me
che sarà come previsto.
Dopo il terzo giorno
mi accoglie Berardo Pio
detto Giovanni da Legnano
nonostante sia un patrizio lombardo
appena gli parlo dei Visconti
mi offre sguardo inespressivo
ma colgo nel profondo della pupilla
che non corre buon sangue con chi mi invia

diciamo, non ne prova ammirazione
allora, nomino Facino Cane
alza un sopracciglio
ma è un abile politico, pratico, concreto
mi ascolta con interesse
il dialogo è sincero, amabile, amichevole
non mi promette niente, devia il discorso
prende tempo, mi esibisce manoscritti
i suoi, ne ha scritti dieci
valuta e gradisce il mio interesse
mi parla dei suoi corsi, quelli che insegna
giurisprudenza, astronomia, astrologia
proprio qui, in questa celebre università.
Ha piglio sereno, molto intelligente
dice che i tempi sono confusi, agitati

c'è uno scisma, un papa, un anti-papa
e l'arte di governare poggia sull'equilibrio
conclude, ha colto il mio messaggio
mi congeda, se ne riparlerà.

Indice

5 - Biografia
8 – Prefazione

Il banchetto

12 – Sette anni
15 – Il tricorno
20 – Nel regno di Ermia
23 – Viaggio di ritorno
27 – Un eco tardivo
31 – Reminescenze
34 – Valhalla
37 – La scuola di Atene
39 – Il banchetto
44 – Il calligrafo
48 - Scorbuto
51 – Convivio
58 – Taifa di Maiorca
62 – Cento torri
66 – La speranza
69 – Come un eroe
73 – La luce
78 – Bologna la colta